AF205392

Impressum
Verlag: BABADADA GmbH, Nedderfeld 112 , 22529 Hamburg
Geschäftsführer / Verlagsleitung: Harald Hof
Druck: Books on Demand GmbH, In de Tarpen 42, 22848 Norderstedt

Imprint
Publisher: BABADADA GmbH, Nedderfeld 112 , 22529 Hamburg, Germany
Managing Director / Publishing direction: Harald Hof
Print: Books on Demand GmbH, In de Tarpen 42, 22848 Norderstedt

ikigo c' amashure

學校

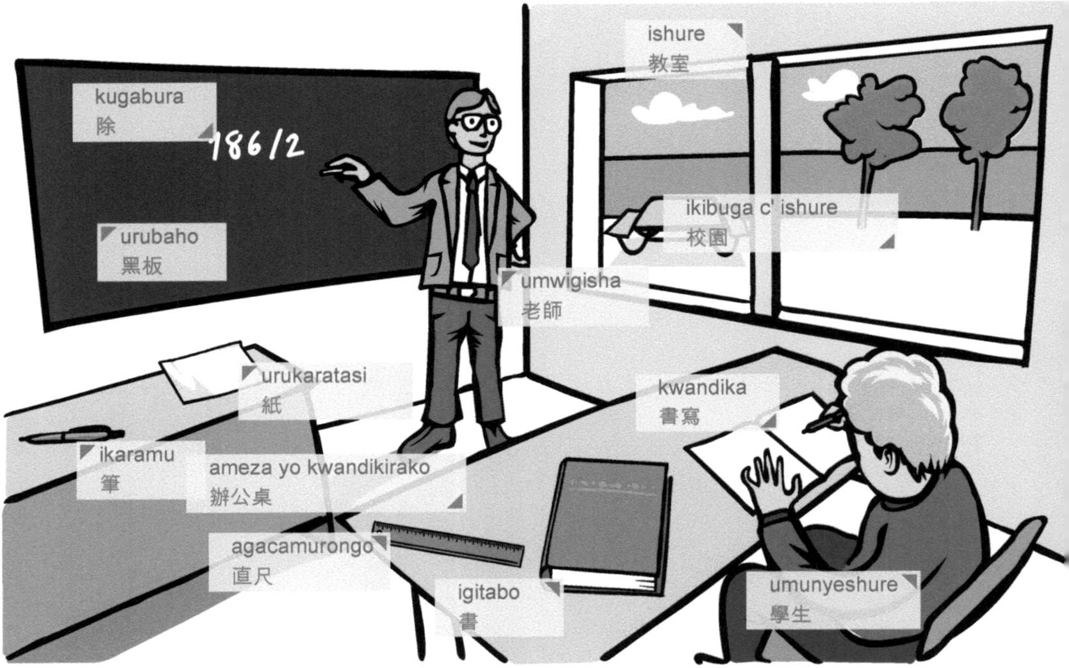
ishure
教室
kugabura
除
186/2
ikibuga c' ishure
校園
urubaho
黑板
umwigisha
老師
urukaratasi
紙
kwandika
書寫
ikaramu
筆
ameza yo kwandikirako
辦公桌
agacamurongo
直尺
igitabo
書
umunyeshure
學生

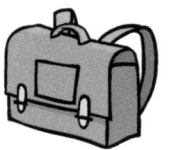

isakoshi y'' ishure

書包

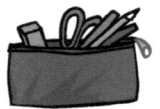

agasaho k' amakaramu

鉛筆盒

ikaramu y igiti

鉛筆

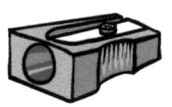

agasongozo k ikaramu y igiti

削鉛筆機

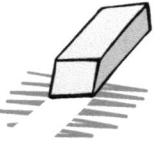

igome

橡皮擦

ikaye yo gucapamwo

畫板

igicapo

圖畫

ikaramu bacapisha irangi

畫筆

agasandugu kamabara

顏料盒

imikasi

剪刀

kore

膠水

ikaye y' imyimenyerezo

練習冊

imyimenyerezo yo muhira

家庭作業

igiharuro

數字

guteranya

加

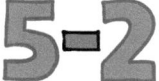

gukuramwo

減

kugwiza

乘

guharura

計算

urudome

字母

ABCDEFG
HIJKLMN
OPQRSTU
VWXYZ

indome

字母表

ijambo

字

igisomwa

課文

gusoma

讀

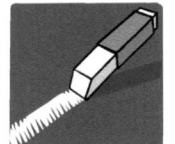

ingwa

粉筆

icigwa

上課

igitabo c' ishure

登記

ikibazo

考試

impamyabushobozi

證書

impuzu y' ishure

校服

kwiga

教育

kazinduzi

百科全書

kaminuza

大學

mikorosikopi

顯微鏡

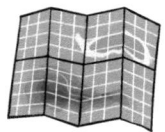

ikarata

地圖

agaseke bajugunyamo
amakaratasi

廢紙簍

urugendo
旅行

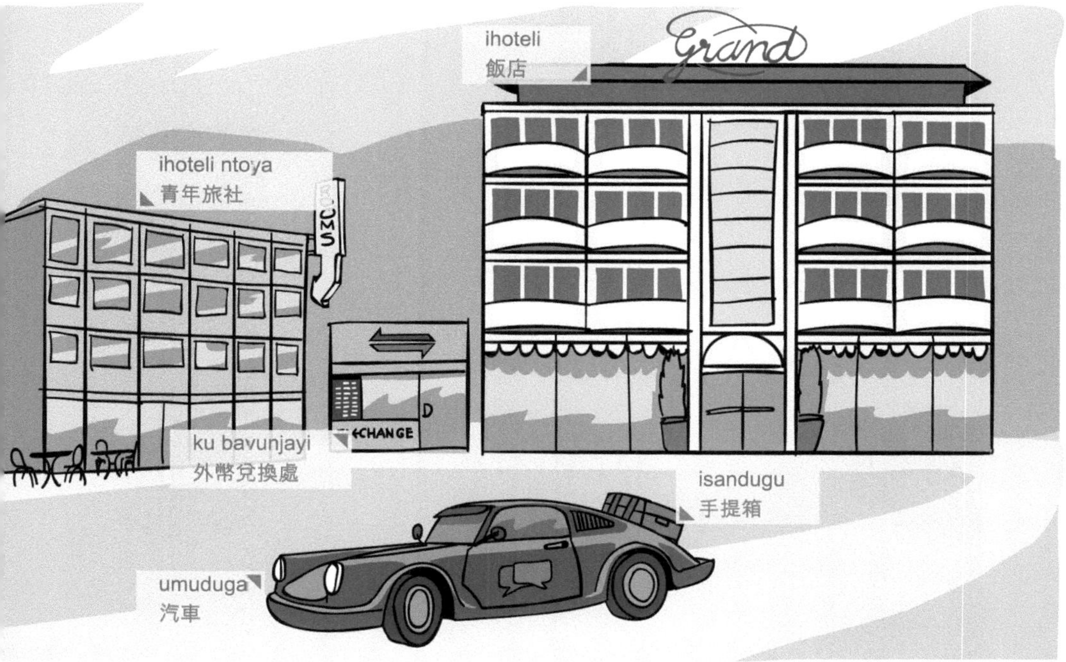
ihoteli
飯店
ihoteli ntoya
青年旅社
ku bavunjayi
外幣兌換處
isandugu
手提箱
umuduga
汽車

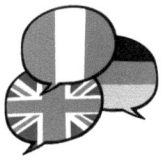

ururimi
語言

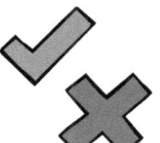

ego / oya
是/否

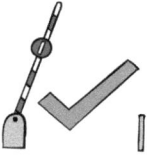

ego
好的

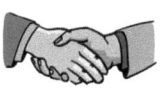

amahoro!
您好

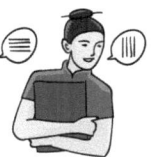

umuntu asigura
翻譯人員

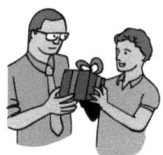

ndashimye
謝謝

ni angahe?

......多少錢？

sindabitahura

我不明白

ingorane

問題

mwiriwe!

晚上好！

mwaramutse

早上好！

ijoro ryiza!

晚安！

nakagaruka

再見

inzira

方向

imizigo

行李

igapo

包

isaho baheka mu mugongo

背包

umushitsi

客人

icumba

房間

umufuko wo kuraramo mu rugendo

睡袋

ihema

帳篷

kumenyesha ingenzi

旅行資訊

ku musenyi

海灘

ikarata y' amahera

信用卡

ifunguro rya mugatondo

早餐

ifunguro ryo ku murango

午餐

ifunguro ry 'ijoro

晚餐

itike

票

ingazi y' umuyagankuba

電梯

umukono

郵票

umupaka

邊界

duwane

海關

ubuserukizi bw' igihugu

大使館

viza

簽證

pasiporo

護照

gutwara abantu n' ibintu

交通運送

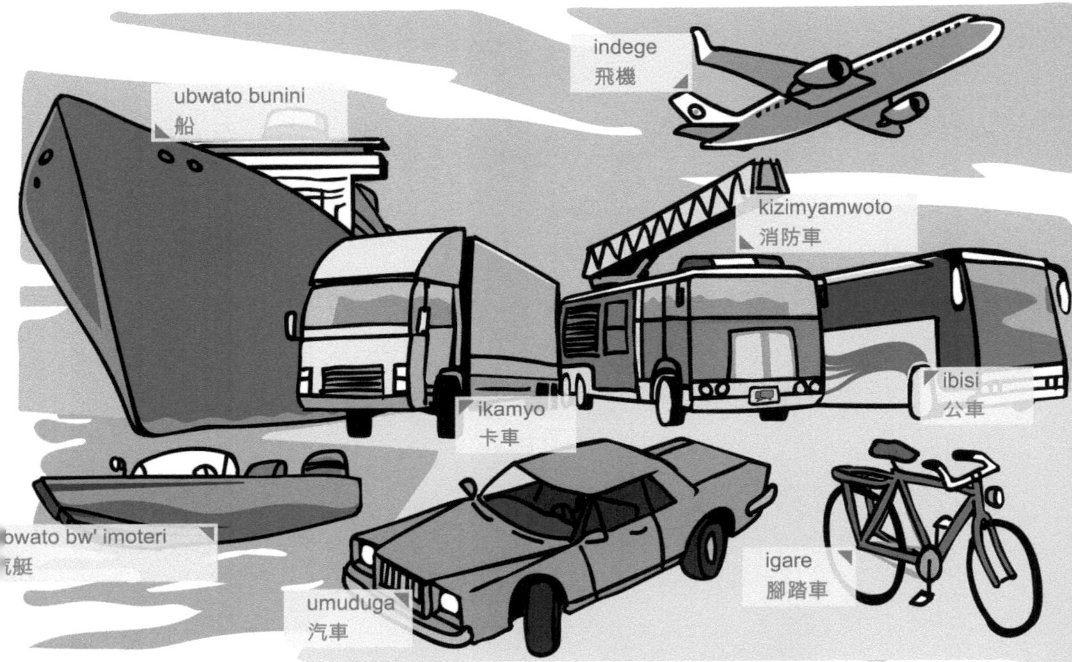

indege
飛機
ubwato bunini
船
kizimyamwoto
消防車
ibisi
公車
ikamyo
卡車
bwato bw' imoteri
汽艇
igare
腳踏車
umuduga
汽車

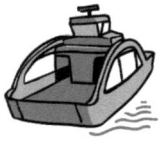

ubwato bunini

渡輪

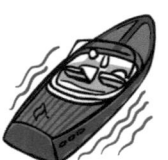

ubwato

小船

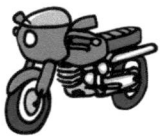

ipikipiki

機車

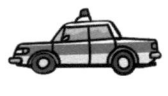

umuduga w' igipolisi

警車

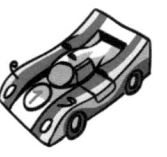

umuduga wa kuruse

賽車

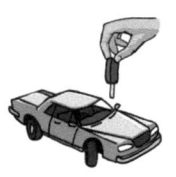

umuduga bakodesha

租車

gukoresha imodoka imwe
muri benshi

拼車

uruduga ruheka izindi

拖車

umuduga utwara umucafu

垃圾車

imoteri

馬達

igitoro

汽油

ubunywero bw'ibitoro

加油站

ibirango vyo ku mabarabara

交通標識

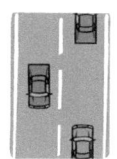

uruja n' uruza

交通

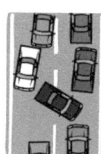

akajagari k' imiduga mw'
ibarabara

交通堵塞

igituro c' imiduga

停車場

igituro ca gari ya moshi

火車站

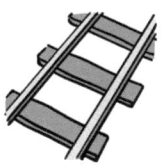

ibarabara rya gari ya moshi

軌道

gari ya moshi

火車

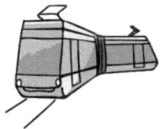

gari ya moshi bita tram

路面電車

igipande ca gari ya moshi

客車廂

kajugujugu

直升機

ikibuga c' indege

機場

umunara

塔

ingenzi

乘客

konteneri

集裝箱

ikarato

紙板箱

isharete

手推車

icibo

籃子

kuguruka / kugwa

起飛/降落

igisagara
城市

umutumba

村莊

hagati mu gisagara

市中心

inzu

房子

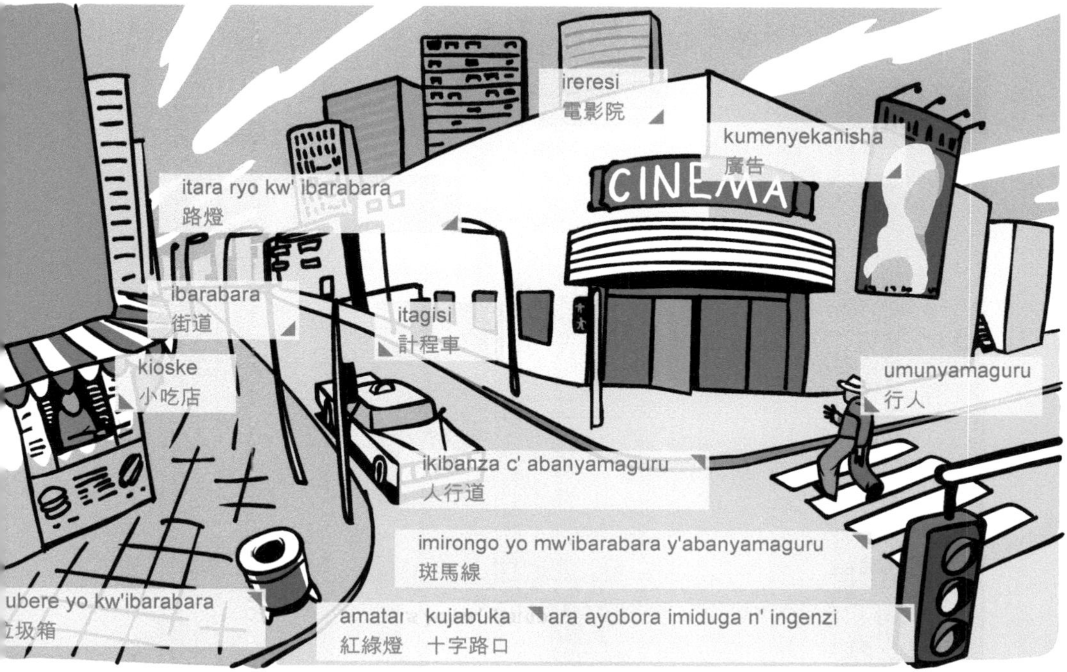

ireresi
電影院

kumenyekanisha
廣告

itara ryo kw' ibarabara
路燈

ibarabara
街道

itagisi
計程車

umunyamaguru
行人

kioske
小吃店

ikibanza c' abanyamaguru
人行道

imirongo yo mw'ibarabara y'abanyamaguru
斑馬線

ubere yo kw'ibarabara
垃圾箱

amataı kujabuka ara ayobora imiduga n' ingenzi
紅綠燈   十字路口

akazu k' ikirundi

小屋

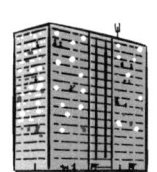

aparitema

公寓

igituro ca gari ya moshi

火車站

meri

市政廳

iratiro ry' ivyakera

博物館

ikigo c' amashure

學校

kaminuza

大學

ibanki

銀行

ibitaro

醫院

ihoteli

飯店

farumasi

藥房

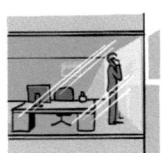

ibiro

辦公室

aho badandaza ibitabo

書店

akaduka

商店

umudandaza w'amashugwe

花店

supermarshe

超市

isoko

市場

iduka

百貨商店

umudandaza w' amafi

魚店

ihuriro ry'amaduka

購物中心

ikivuko

海港

ikibanza batemberamwo

公園

intebe ndende

長凳

ikiraro

橋

ingazi

樓梯

gari ya moshi bita métro

捷運

ibarara ry' indani y' isi

隧道

igituro c' amabisi

公車站

ubunywero

酒吧

resitora

餐館

ahaja amakete

郵筒

ikirango co kw' ibarabara

路標

isaha yo ku gituro c' imiduga

停車計時器

iratiro ry' ibikoko

動物園

pisine

游泳池

umusigiti

清真寺

ubwororero

農場

konona ibidukikije

污染

akaburi

墓地

kw'isengero

教堂

ikibuga

操場

inyubako za kera bita temple

寺廟

imisozi
地形

ikibabi
樹葉

ivyapa
指示牌

inzira
路

ubwatsi bita gazon
草地

ibuye
石頭

igiti
樹

umuntu atembera kure n' amaguru
徒步旅行者

uruzi
河

ubwatsi
草

ishugwe
花

ikiyaya

峽谷

umusozi

丘陵

ikiyaga

湖

ishamba

森林

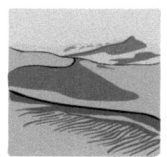

ubugaragwa

沙漠

ikirunga

火山

ishato

城堡

umunywamazi

彩虹

ikizinu

蘑菇

ikigazi

棕櫚樹

umubu

蚊子

isazi

蒼蠅

urutozi

螞蟻

uruyuki

蜜蜂

igitangurigwa

蜘蛛

agakoko gato bita
coléoptère

甲蟲

igikere

青蛙

agakoko bita écureuil

松鼠

ikinyogote

刺蝟

urukwavu

野兔

igihuna

貓頭鷹

inyoni

鳥

imbata

天鵝

ingurube y' ishamba

野豬

idubu

鹿

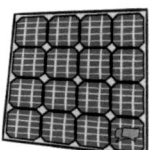

igikoko bita élan

麋鹿

urugomero

水壩

icuma gitanga
umuyagankuba

風力發電機

ikimuri c' imishwarara

太陽能電池板

igihe

氣候

umukozi wo muburiro n'ubunywero
▶服務生

ikarata y' indya
▶菜譜

intebe
▶椅子

isupu
▶湯

piza
披薩餅

ibikoresho vyo kumeza
▶餐具

igitambara c' ameza
桌布

indya y' ibanze

前菜

indya nkuru

主菜

deseri

甜點

inyobwa

飲料

infungugwa

食物

icupa

瓶子

infungugwa batekanye ingoga

速食

Infungugwa barya bagenda

街邊小吃

ibirika y' icayi

茶壺

agakopo k' isukari

糖盒

igipande c' indya

一份飯菜

imachini ikora espresso

義式咖啡機

intebe ndende

高腳椅

inyemazabuguzi

帳單

ako batwarako infungugwa

托盤

imbugita yo kumeza

刀

ikanya

餐叉

ikiyiko

勺子

akayiko k' icayi

茶匙

seriviyeti

餐巾

ikirahuri

玻璃杯

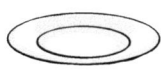

isahani

碟子

isahani y' isupu

湯盤

isutasi

碟子

isosi

醬

akanyanyagiza umunyu ku ndya

鹽瓶

agasya ipiripiri

胡椒研磨罐

vinaigre

醋

amavuta

食用油

indyoshandya

調味料

kecapu

番茄醬

mutaride

芥末

mayoneze

美乃滋

supermarshe
超市

ivyagabanyijwe igiciro
特價
umuguzi
顧客
ibiva ku mata
乳製品
icamwa
水果
agakinga ko mw' iduka
購物車
FOR

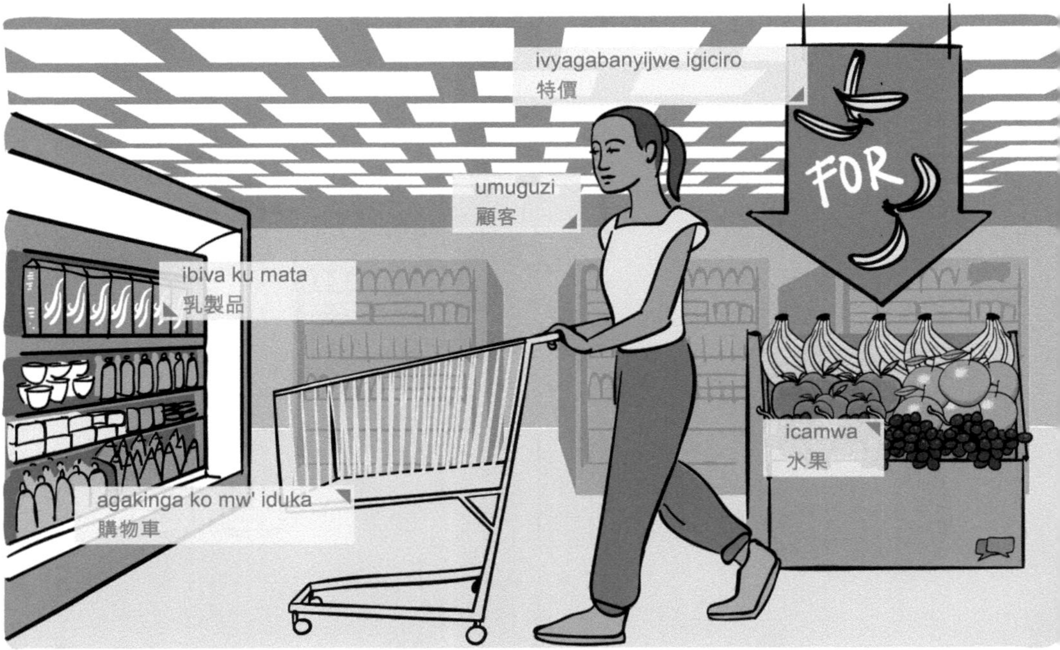

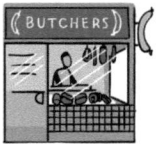

BUTCHERS

amacuniro

肉鋪

BAKERY

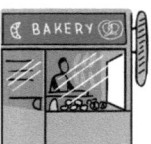

iburangeri

麵包店

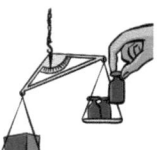

gupima

稱重

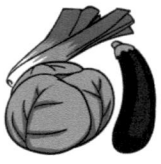

imboga

蔬菜

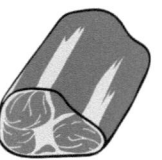

inyama

肉

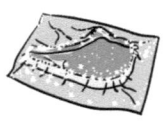

Imfungurwa zikanye cane

冷凍食品

infungugwa bita charcuterie
en tranches

冷盤

amafunguro yo mu
mabwate

罐頭食品

isabune yo kumesura

洗衣粉

ibisosa

甜食

ibikoresho vyo muhira

日用品

ibikoresho vy'isuku

清潔用品

umudandaza

銷售員

kese

收銀機

umuntu yakira amahera

收銀員

urutonde rw' ibidandazwa

購物清單

amasaha yo kugurura

開放時間

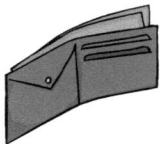

ingodomoni

錢包

ikarata y' amahera

信用卡

isakoshe

袋子

ishakoshe ya parastike

塑膠袋

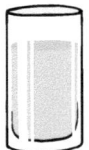

amazi

水

umutobe

果汁

amata

牛奶

koka

可樂

umuvinyo

紅酒

ikiyeri

啤酒

inzoga

酒

kakao

可可

icayi

茶

ikawa

咖啡

ikawa yitwa espresso

義式濃縮咖啡

ikawa yitwa kapucino

卡布奇諾

umuhwi

香蕉

ipome

蘋果

umucungwe

柳丁

icamwa bita melon

西瓜

indimu

檸檬

ikaroti

胡蘿蔔

igitungurusumu

大蒜

umugano

竹子

igitunguru

洋蔥

ikizinu

蘑菇

ibiyoba

堅果

amakaroni

麵條

spagetti

義大利麵

umuceri

米飯

isarade

沙拉

ifiriti

薯條

ifiriti

炸馬鈴薯

piza

披薩餅

hamburugere

漢堡

sandwich

三明治

infungugwa bita escalope

炸豬排

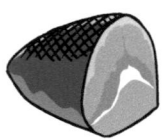

jambo

火腿

salami

義大利臘腸

isosiso

香腸

inyama y' inkoko

雞肉

umusoso

烤肉

ifi

魚

infungugwa bita flocons c'
avoine

燕麥片

imfungugwa bita müsli

木斯里

infungugwa bita corn -
flakes

玉米片

ifarini

麵粉

umukate bita croissant

牛角麵包

umukate muto

麵包捲

umukate

麵包

umukate bashusha

吐司

ibisuguti

餅乾

amavuta

奶油

iforomaji yera

凝乳

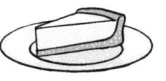

igato

蛋糕

irigi

蛋

amafunguro bita oeuf au
plat

煎蛋

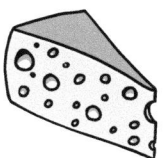

iformaji

起司

infungugwa bita crème
glacée

冰淇淋

isukari

糖

ubuki

蜂蜜

ikonfitire

果醬

imfungugwa bita praliné

巧克力醬

infungugwa bita curry

咖哩

ubwororero

農場

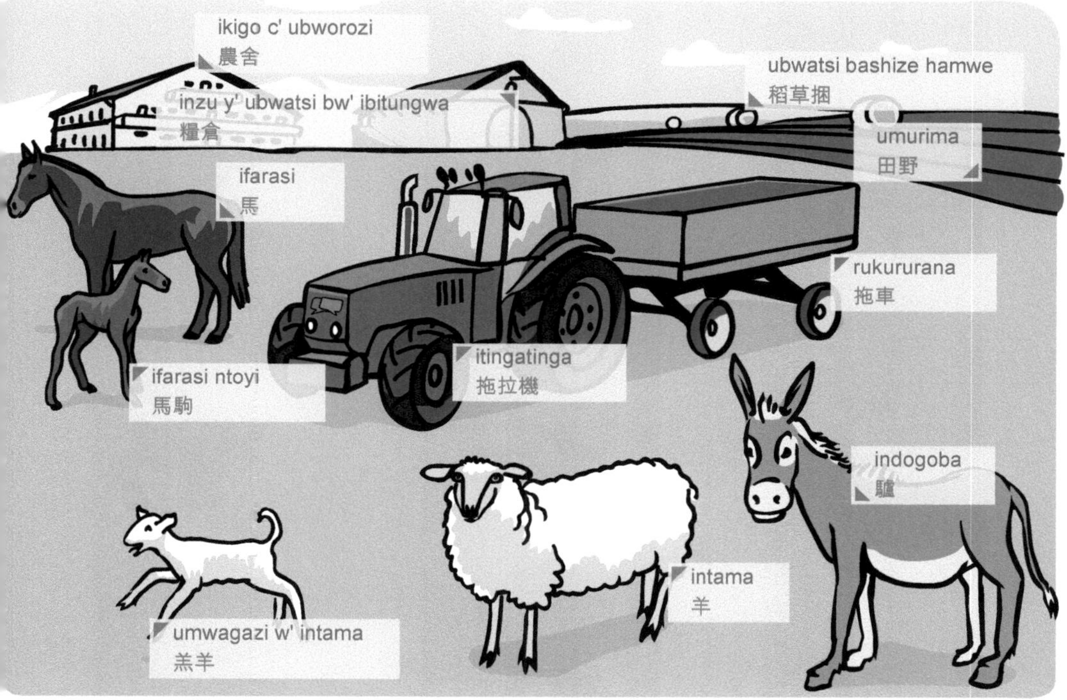
ikigo c' ubworozi
農舍
inzu y' ubwatsi bw' ibitungwa
糧倉
ubwatsi bashize hamwe
稻草捆
umurima
田野
ifarasi
馬
rukururana
拖車
itingatinga
拖拉機
ifarasi ntoyi
馬駒
indogoba
驢
intama
羊
umwagazi w' intama
羔羊

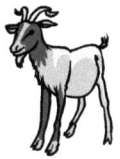

impene

山羊

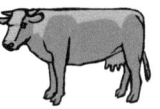

inka

奶牛

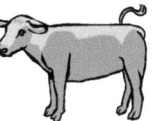

inyana

小牛

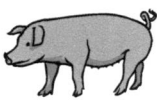

ingurube

豬

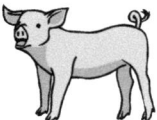

ikibuguru

小豬

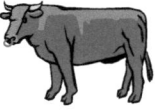

impfizi

公牛

inyoni yitwa oie

鵝

imbata

鴨

umuswi

小雞

inkokokazi

母雞

isake

公雞

imbeba nini

鼠

akayabu

貓

imbeba

老鼠

ishuri

牛

imbwa

狗

umusaka w'imbwa

狗屋

umuringoti wo kuvomerera umurima

花園澆水軟管

ico bakoresha basukira amashurwe

澆水壺

urukero

長柄大鐮刀

majagu

犁

umuhoro

鐮刀

isuka

鋤頭

ikinyanyagiza ibitabizo irya n'ino

長柄草耙

ishoka

斧頭

inkorofani

獨輪手推車

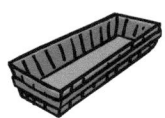

ubwato

飼料槽

icansi

牛奶罐

umufuko

麻布袋

urugo

柵欄

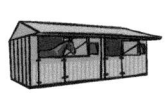

indaro y' ibitungwa

馬廄

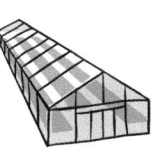

utuzu bashusha kugirango ibimera birimwo bikure

溫室

isi

土壤

imbuto

種子

ifumbire

肥料

imashini yimbura

聯合收割機

kwimbura

收割

umwimbu

收割

infungugwa bita igname

地瓜

ingano

小麥

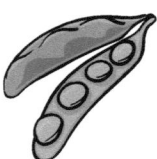

isoya

大豆

ikiraya

土豆

ikigori

玉米

ubwoko bw' ingano bita
colza

油菜籽

igiti c' ivyamwa

果樹

imyumbati

樹薯

ibinyantete

穀物

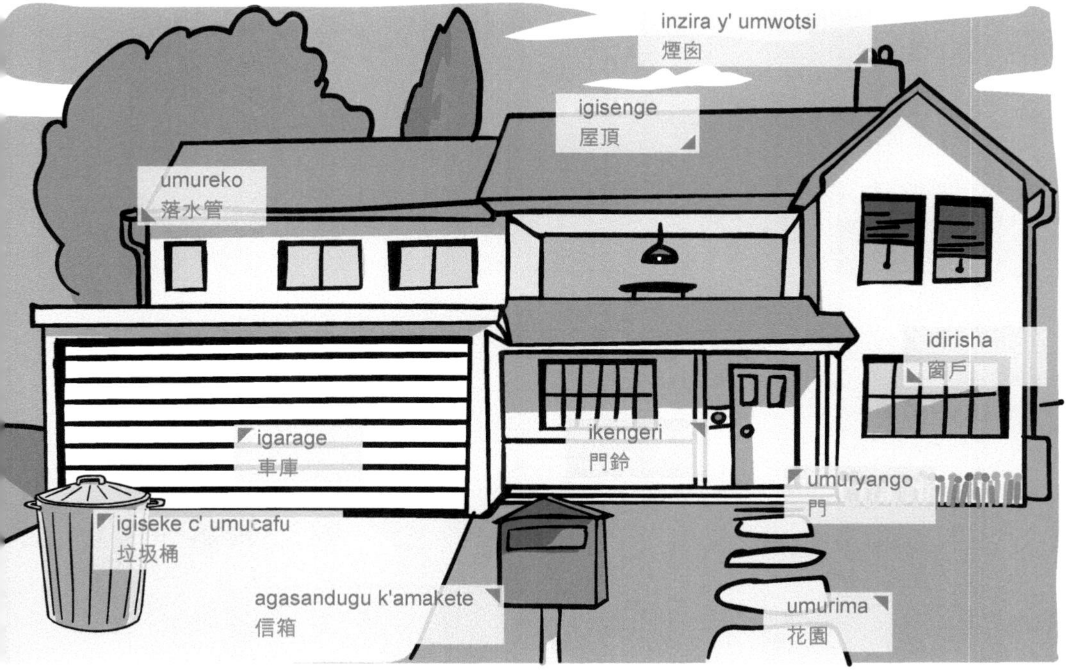

inzira y' umwotsi
煙囪

igisenge
屋頂

umureko
落水管

idirisha
窗戶

igarage
車庫

ikengeri
門鈴

umuryango
門

igiseke c' umucafu
垃圾桶

agasandugu k'amakete
信箱

umurima
花園

isaro

客廳

ubwogero

浴室

igikoni

廚房

icumba co kuraramo

臥室

icumba c' umwana

兒童房

uburiro

餐廳

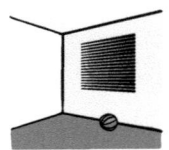

hasi

地板

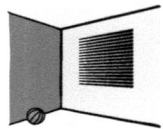

uruhome

牆壁

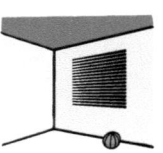

igisenge c' inzu

天花板

kave

地窖

sauna

三溫暖

ibaraza

陽臺

ibaraza

露臺

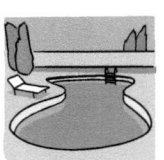

aho bogera

游泳池

itondezi

割草機

igikaratasi

被單

uburengeti

床罩

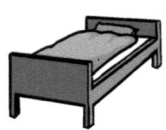

uburiri

床

umweyerezo

掃帚

indobo

水桶

akabuto

開關

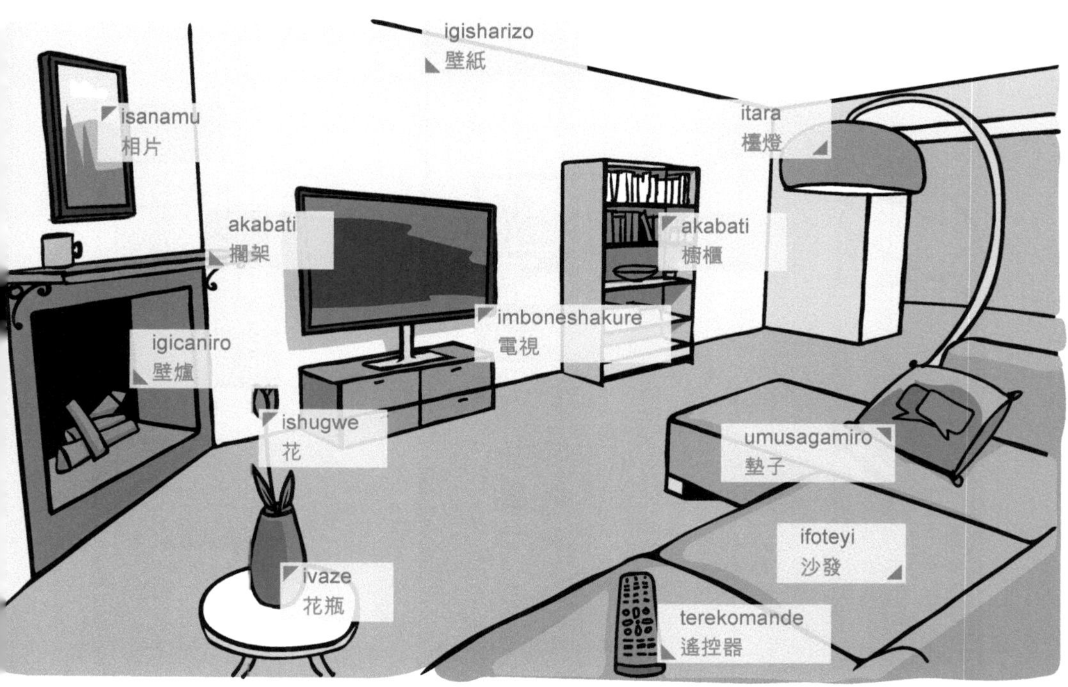

igisharizo
壁紙

isanamu
相片

itara
檯燈

akabati
擱架

akabati
櫥櫃

imboneshakure
電視

igicaniro
壁爐

ishugwe
花

umusagamiro
墊子

ifoteyi
沙發

ivaze
花瓶

terekomande
遙控器

itapi
地毯

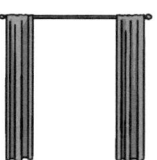

irido
窗簾

ameza
餐桌

intebe
椅子

intebe icundera
搖椅

ifoteyi
扶手椅

igitabo

書

ikirengeti

毯子

ibitako

裝飾品

inkwi

木柴

ireresi

電影

ivyuma vy' umuziki

高傳真音響

urufunguruzo

鑰匙

ikinyamakuru

報紙

gusiga amarangi

油畫

isanamu nini

海報

insamirizi

收音機

ikaye ndangaminsi

筆記本

asipirateri

吸塵器

icimera bita cactus

仙人掌

ibuji

蠟燭

igikoni
廚房

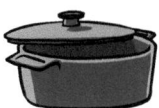

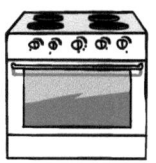

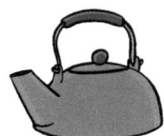

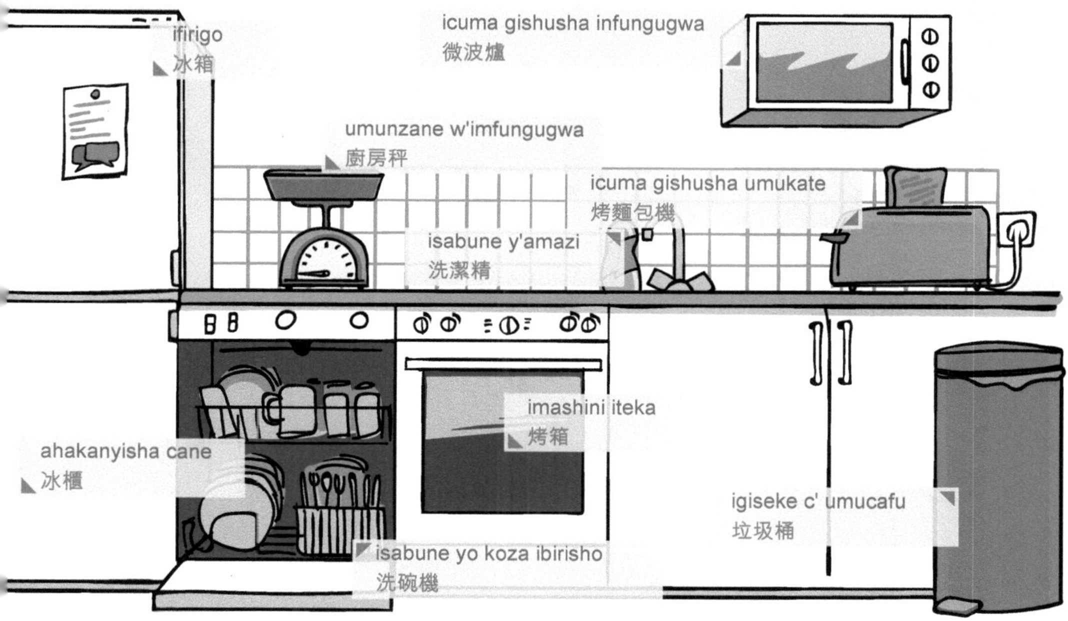
ifirigo
冰箱
icuma gishusha infungugwa
微波爐
umunzane w'imfungugwa
廚房秤
icuma gishusha umukate
烤麵包機
isabune y'amazi
洗潔精
imashini iteka
烤箱
ahakanyisha cane
冰櫃
igiseke c' umucafu
垃圾桶
isabune yo koza ibirisho
洗碗機

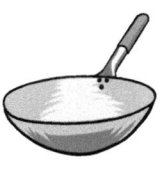

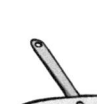

ishiga
炊具

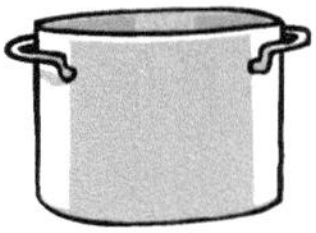
isafuriya
鍋

isafuriya y' icuma
鑄鐵鍋

ipanu bita wok
炒鍋

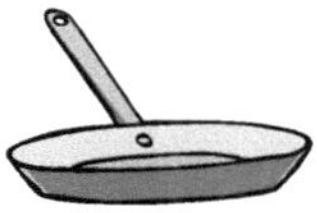
ipanu
平底鍋

akuma gashusha amazi
水壺

isafuriya itekesha umuhisha

蒸鍋

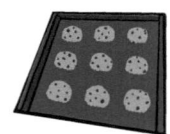

ico bakorerako imikate

烤盤

ibirisho

陶瓷鍋

igikombe

馬克杯

ibakure

碗

uduti two kurisha

筷子

icaruzo c' isupu

長柄勺

ikimamiro

鏟子

agakubitisho

攪拌器

imashini isya ibifungurwa

濾網

akayunguruzo

篩子

agakatakata imfungugwa

磨碎機

agasekuro

研缽

icokerezo

燒烤

urucaniro

明火

urubaho rwo gukatirako

菜板

akabaho bakoresha spageti

擀麵杖

urupfunguzo rw'umuvinyu

開瓶器

agasandugu

罐子

urupfunguzo
rw'agasandugu
開罐器

ivyo gufatisha isafuriya
ishushe

隔熱手套

icogerezo

水槽

uburoso

刷子

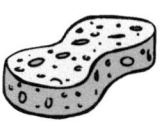

ivyogesho

海綿

imigiseri

攪拌機

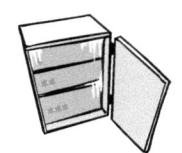

frigo nini ikanyisha cane

冷藏箱

bibero

奶瓶

ivomo

水龍頭

ubwogero

浴室

imashini ishusha mu nzu
供暖裝置
kwoga
淋浴
isume
毛巾
rido yo muri dushe
浴簾
koga mu mazi arimwo ifuro ryinshi
泡沫浴
benywari
浴缸
ikirahuri
玻璃杯
imashini imesura
洗衣機
ivomo
水龍頭
amategura
瓷磚
agasafuriya
便壺
icogerezo
水槽

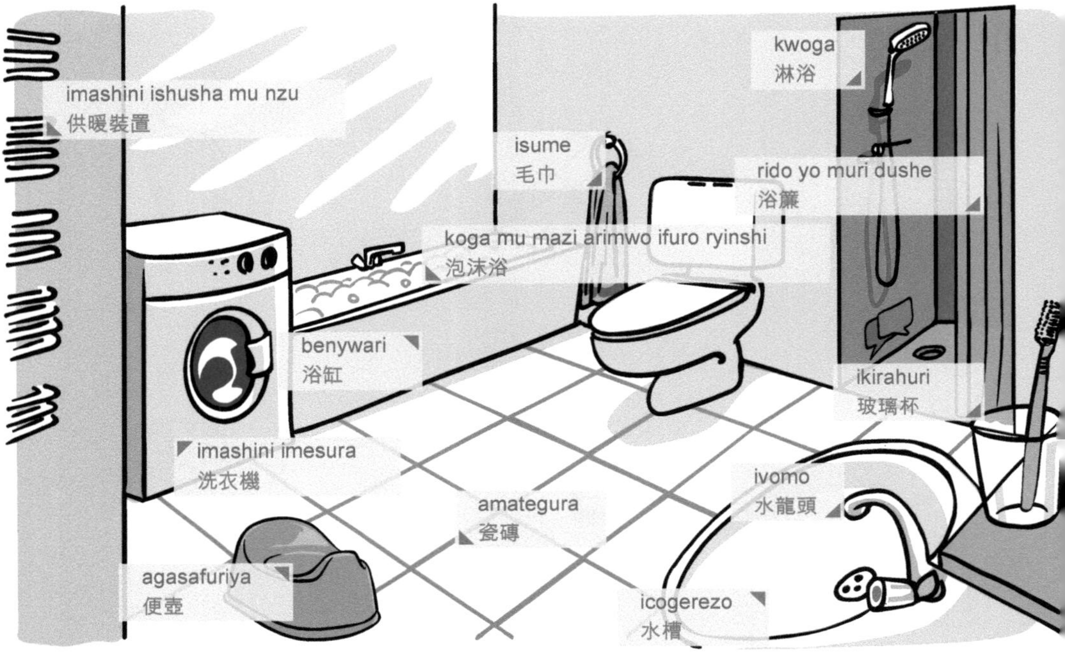

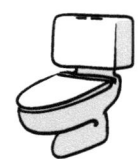

Akazu ka surwumwe

廁所

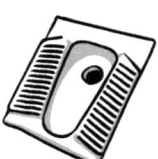

akazu ka surwumwe k'ikirundi

蹲便器

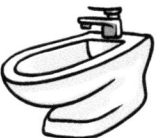

akantu gatoya bogeraho

坐浴器

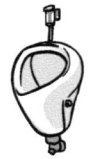

aho basoba

小便斗

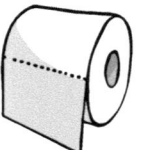

ibikaratase vyo kwi sukuza mu nzu ya surwumwe

廁紙

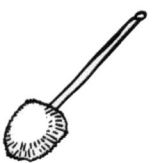

uburoso bwoza akazu ka surwumwe

馬桶刷

umujigiti

牙刷

umuti wo koza amenyo

牙膏

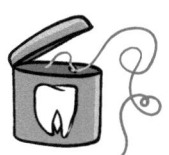

utugozi two gusukura amenyo

牙線

koza

洗

ikinyuko

手持式蓮蓬頭

ubwoko bwa dushe

沖洗器

ico bakarabiramo intoki

洗臉盆

uburoso busukura mu mugongo

洗背刷

isabune

肥皂

isabuni yo kwoga

沐浴露

shampo

洗髮乳

agatambara ko kwisukura

法蘭絨

umuringoti

排水

amavuta yo kwisiga

乳霜

iparufe yo mu kwaha

除臭劑

icirore

鏡子

icirore

手鏡

imashini imwa ubwanwa

刮鬍刀

ifuro ryo kumwa ubwanwa

刮鬍泡沫

umuti basiga aho bamoye

鬍後水

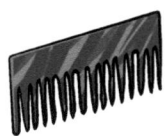

igisokozo

梳子

uburoso

刷子

akuma kumutsa umushatsi

吹風機

amavuta bapuriza mu
mushatsi

噴髮定型劑

ibikoresho vyo kwipodora

化妝品

amavuta afise ibara yo
k'umunywa

唇膏

verni y'inzara

指甲油

ipampa

化妝棉

umukasi uca inzara

指甲剪

iparufe

香水

agasaho k' ivyo kwisukura
ku rugendo

洗漱包

agatebe

凳子

umunzane

計重秤

penywari

浴袍

udufuko tw' intoke iyo
bakora isuku

橡膠手套

kotegisi

衛生棉條

kotegisi

衛生棉

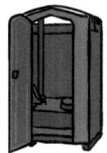

ubwoko bw'akazu ka
surwumwe

化學廁所

icumba c' umwana

兒童房

isaha ivyura
鬧鐘
agakoko k' agapupe
毛絨玩具
ikijuwe c' umuduga
玩具車
ikijuwe c' ibibondo bita hochet
撥浪鼓
inzu badandaza amapupe
玩具屋
akaganuke
禮物

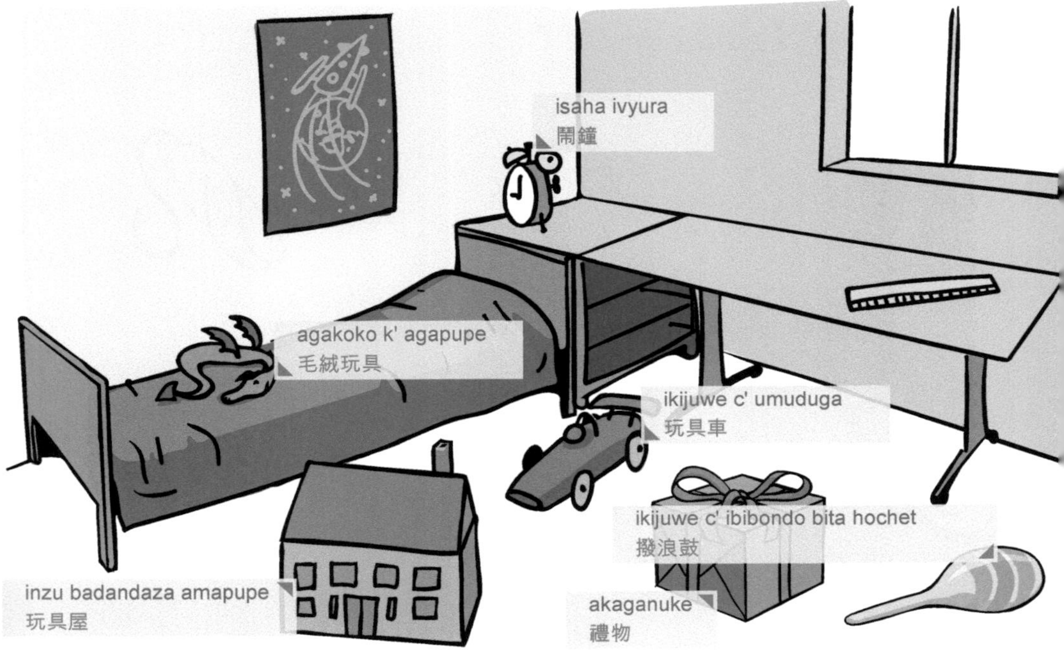

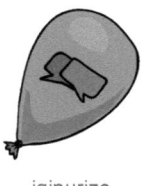

igipurizo

氣球

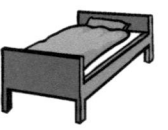

uburiri

床

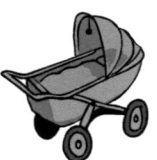

嬰兒車

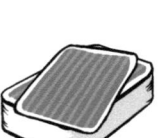

urukino rw' ikarata

撲克牌

urukino bita puzile

拼圖

SUPER
MEGA

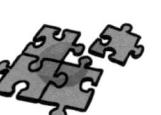

ibitabo vy' amashusho

漫畫

urukino bita lego

樂高積木

ibijuwe vyo kubaka

積木玩具

ipupe

公仔

impuzu yo kurarana y abana

嬰兒服

urukino bita frisbi

飛盤

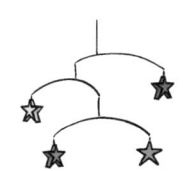

udukinisho two ku buriri bw' ibibondo

床鈴玩具

urukino rwo kumeza

棋盤遊戲

agakinisho bita de

骰子

gari ya moshi z' ibikinisho

火車模型

madanganya

安撫奶嘴

umunsi mukuru

派對

igitabo c' ibicapo

繪本

umupira

球

igipupe

洋娃娃

gukina

玩

umusenyi abana
bakiniramwo

沙坑

uruvuma

鞦韆

ikijuwe

玩具

urukino nyabwonko

電玩遊戲

ikinga ry'amapine atatu

三輪車

igikoko bita ours c 'ikijuwe

泰迪熊

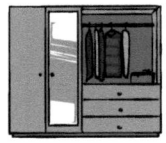

akabati k' impuzu

衣櫃

impuzu
衣服

amashesheti

襪子

amashesheti maremare

長襪

ubwoko bw'impuzu zifata
kandi zigaruka cane

緊身褲

furari
圍巾

umusipi
皮帶

umwumvuri
雨傘

agapira kadafise amabol
T恤

ibirato biduga kumurundi
靴子

ibirato vya tenis
運動鞋

ibirato vyo mu nzu
拖鞋

isandari
涼鞋

ibirato
鞋

ingamiya
雨靴

imwesho
內褲

isutiye
胸罩

isengeri
背心

impuzu z' imbere

身體

ipantaro

褲子

ijinisi

牛仔褲

ijipo

短裙

agashati koroshe kabagore

女式襯衫

ishati

襯衫

umupira w' imbeho

套頭衫

umupira w'imbeho ufise inkofero

連帽上衣

blazeri

西裝夾克

ikoti

夾克

ikoti rirerire

外套

ikoti y'imvura

雨衣

kositime

套裝

ikanzu

連衣裙

ikazu y'umugeni

婚紗

kositime

西裝

ikanzu yo kurarana

睡袍

impuzu z' ijoro

睡衣

imvutano z'abahindi

莎麗

igitambara co mu mutwe

頭巾

igitambara co mu mutwe
bita turban

包頭巾

impuzu z' abasiramukazi

波卡

ikanzu bita kaftan

卡夫坦

impuzu y' abasiramu

(阿拉伯式)長袍

impuzu yo kogana

泳衣

impuzu yo kwogana
y'abagabo

男式泳褲

imwesho

短褲

itereningi

運動服

itaburiya

圍裙

udufuko tw' intoke

手套

igifungo

鈕扣

amarori

眼鏡

igikomo

手鏈

akadede

項鍊

impeta

戒指

ihereni

耳環

inkofero

便帽

porutemanto

衣架

inkofero

帽子

karavate

領帶

imashini

拉鍊

inkofero yo kwikingira

安全帽

imisipi

背帶

impuzu y' ishure

校服

umwambaro rusangi
w'ahantu

制服

utwo bambika ibibondo iyɔ birya

圍兜

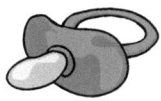

madanganya

安撫奶嘴

iranje

尿布

ibiro

辦公室

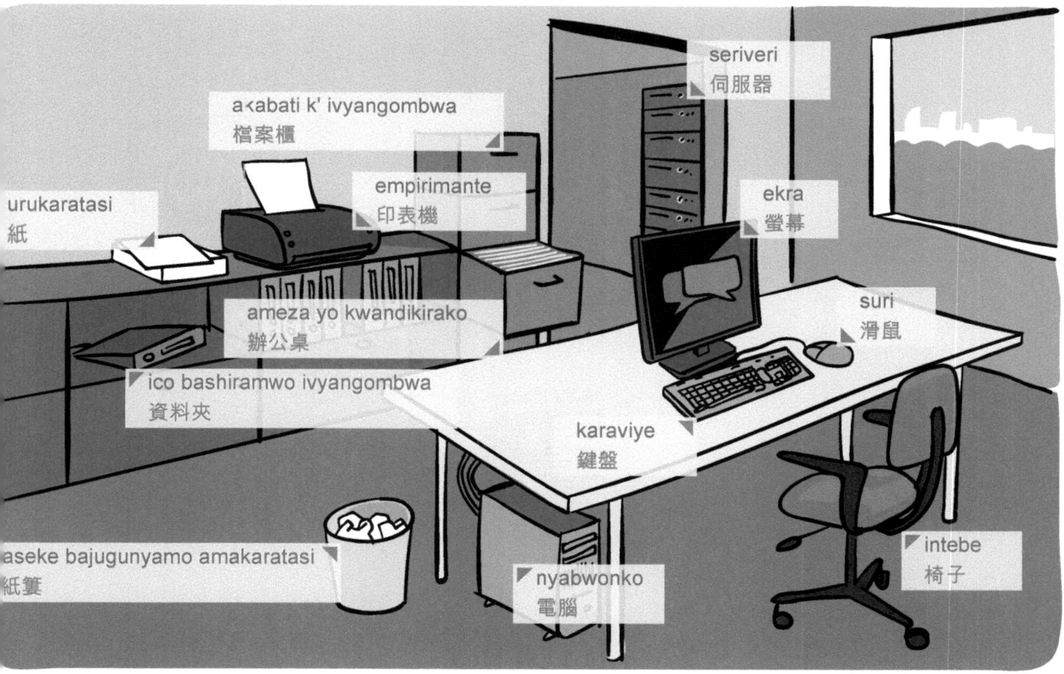

a‹abati k' ivyangombwa
檔案櫃

seriveri
伺服器

empirimante
印表機

ekra
螢幕

urukaratasi
紙

ameza yo kwandikirako
辦公桌

suri
滑鼠

ico bashiramwo ivyangombwa
資料夾

karaviye
鍵盤

aseke bajugunyamo amakaratasi
紙簍

nyabwonko
電腦

intebe
椅子

igikombe c' ikawa

咖啡杯

imashini iharura

計算機

ubuhinga ngurukanabumenyi
網際網路

inyabwonko ngendanwa

筆記型電腦

ikete

信件

ubutumwa

簡訊

telefoni ngendanwa

行動電話

rezo

網路

fotokopiyeze

影印機

rojisiyeri

軟體

telefoni

電話

purize

插座

fagisi

傳真機

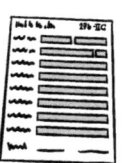

urukaratasi rwo kuzuza

表格

icangombwa

檔案

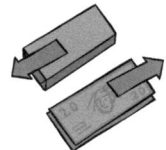

kugura

買

kuriha

付錢

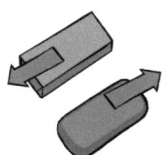

kudandaza

交易

amahera

現金

idorari

美元

iyero

歐元

iyene

日元

amahera y' abarusiya

盧布

amahera y' abasuwisi

瑞士法郎

amahera bita renmimbi yuan

人民幣

amahera bita rupi

盧比

icuma gitanga amahera

提款處

ku bavunjayi

外幣兌換處

inzahabu

金

umujumbu

銀

ipeteroli

石油

inguvu

能源

ikiguzi

價格

amasezerano

合約

amakori

稅金

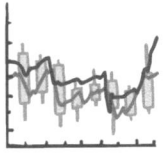

igice

股票

gukora

工作

umukozi

職員

umukoresha

老闆

ihinguriro

工廠

akaduka

商店

imirimo
職業

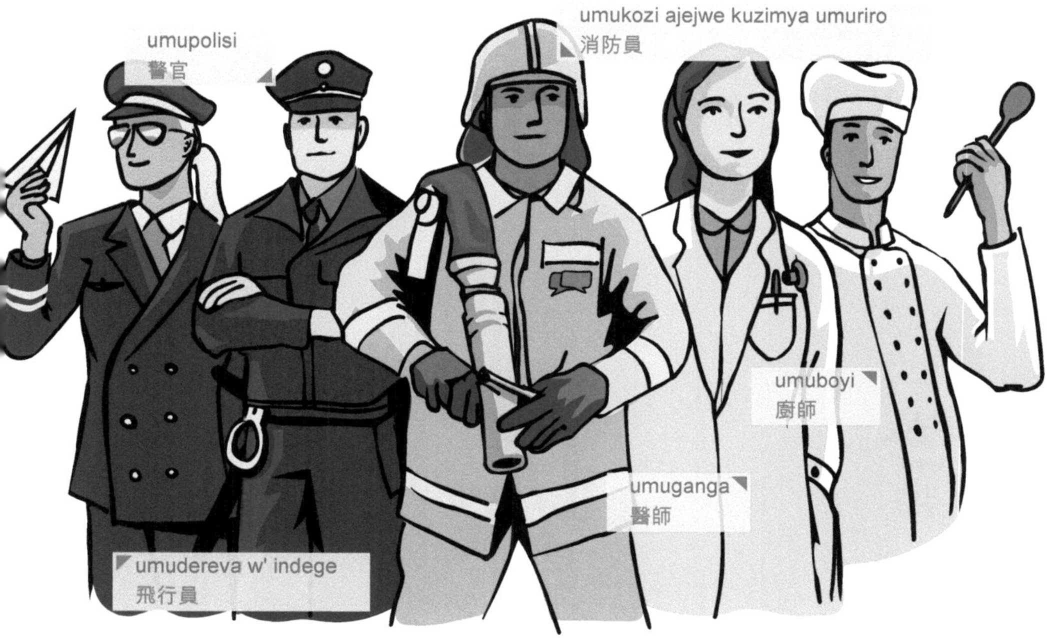
umukozi ajejwe kuzimya umuriro
消防員
umupolisi
警官
umuboyi
廚師
umuganga
醫師
umudereva w' indege
飛行員

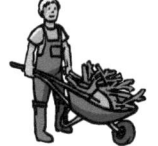

umukozi akora murikarima
園丁

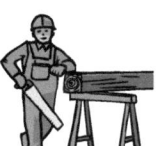

umubaji
木匠

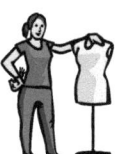

umushonyi
裁縫

umucamanza
法官

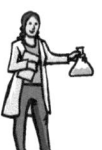

umuhinga mu vya chimie
化學家

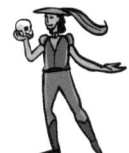

umukinyi w'amareresi
演員

umudereva w' ibisi

公車司機

umudereva w' itagisi

計程車司機

umurovyi

漁夫

umuzezwanzukazi

清洗女工

sharupantiye

屋頂工

umukozi wo muburiro
n'ubunywero

服務生

umuhigi

獵人

umufundi w' amarangi

畫家

umuntu akora imikate

麵包師

umufundi w' amatara

電工

umwubatsi

建築工人

enjeniyeri

工程師

umuyangayanga

屠夫

umufundi w' amazi

水管工

umuparanto

郵差

umusoda

士兵

umuntu acapa inyubako

建築師

umuntu yakira amahera

收銀員

umukozi ajejwe amashugwe

花農

kimyozi

理髮師

kontororeri

售票員

umufundi w' imiduga

機械技師

umudereva w' ubwato

船長

umuganga w' amenyo

牙醫

umuhinga mu vya siyansi

科學家

umuhinga mu bayahudi bita
rabi

拉比

imame

伊瑪目

umuvugiramana

和尚

umuvugiramana

牧師

ibikoresho vy' ubwubatsi

工具

inyundo
鐵錘
ipensi
鉗子
turunevisi
螺絲起子
isitimu
手電筒
urufunguruzo
扳手

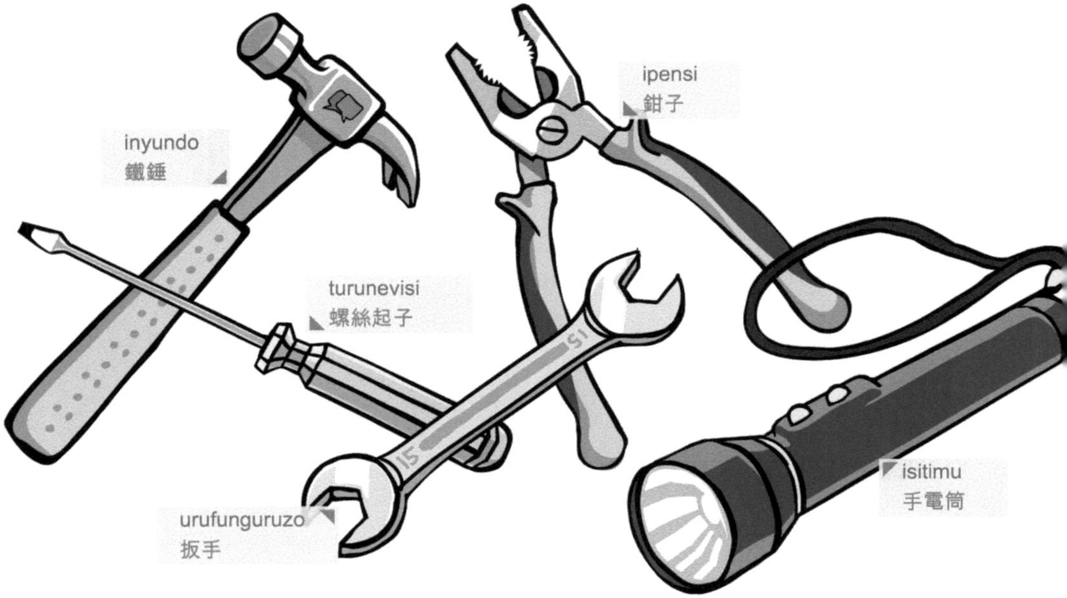

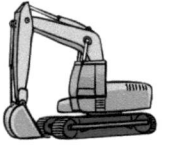

tingatinga

挖掘機

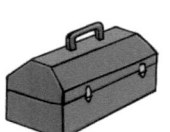

isaho y' ibikoresho

工具箱

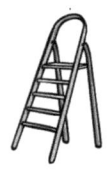

ingazi

梯子

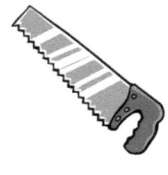

umusumeno

鋸子

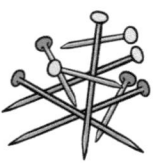

imisumari

釘子

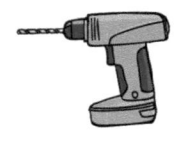

icuma bita foreuse

鑽機

gukora

修

igipawa

鏟子

asyi!

糟糕！

agaterura umucafu

畚箕

indobo y' irangi

油漆桶

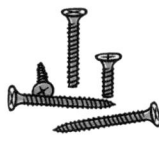

ivis

螺絲

ivyuma vyo gucuraranga

樂器

icuma ca musika bita batterie
打擊樂器

icuma bita Haut parleur
揚聲器

igitari
吉他

icuma ca musika bita contrebasse
低音提琴

icuma ca musika bita trompette
小號

icuma ca musika bita piano

鋼琴

icuma ca musika bita violon

小提琴

gitare icuranga Bass

貝斯

icuma ca musika bita timbale

定音鼓

ingoma

鼓

icuma ca musika bita piano electrique

電子琴

icuma ca musika bita saxophone

薩克斯風

umwirongi

長笛

mikoro

麥克風

iratiro ry' ibikoko
動物園

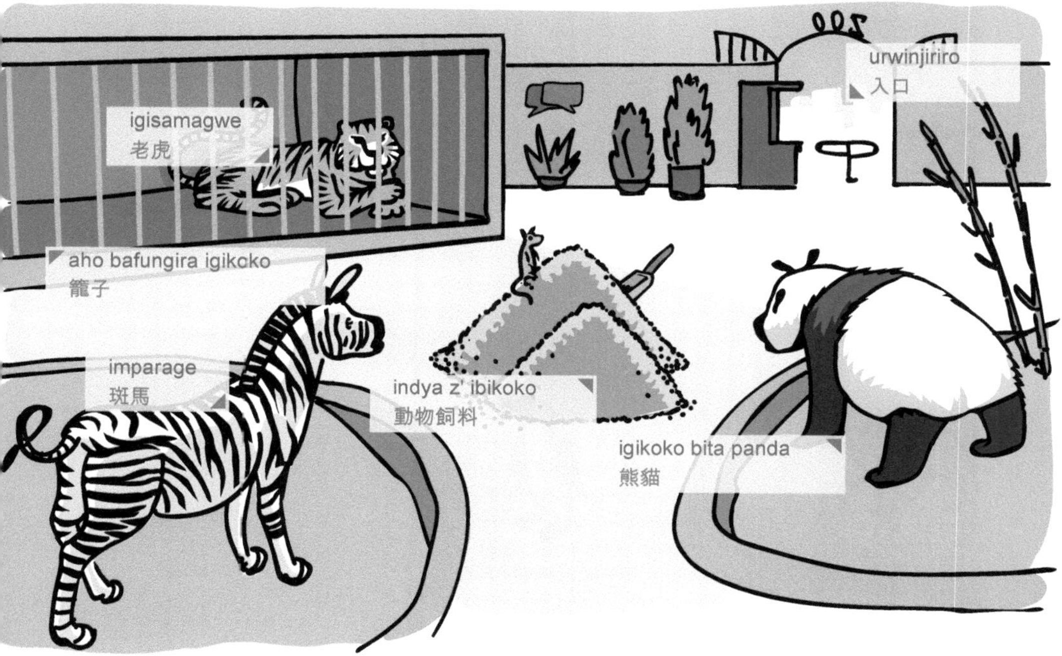

urwinjiriro
入口
igisamagwe
老虎
aho bafungira igikoko
籠子
imparage
斑馬
indya z' ibikoko
動物飼料
igikoko bita panda
熊貓

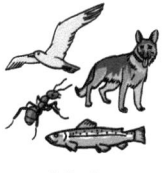

ibikoko
動物

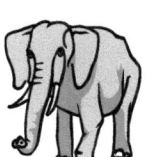

inzovu
大象

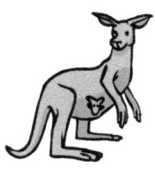

Kanguru
袋鼠

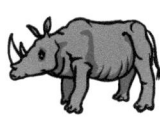

igikoko bita Rhynoceros
犀牛

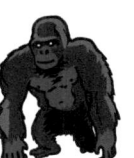

inguge
大猩猩

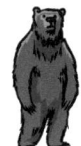

igikoko bita ours
熊

ingamiya

駱駝

inyoni bita autriche

鴕鳥

intare

獅子

inkende

猴子

inyoni bita flamant rose

紅鶴

gasuku

鸚鵡

igikoko bita ours blanc

北極熊

inyoni bita pinguin

企鵝

ifi bita requin

鯊魚

inyoni bita paon

孔雀

inzoka

蛇

ingona

鱷魚

umurinzi w' iratiro ry' ibikoko

動物園管理員

igikoko bita phoque

海豹

igikoko bita jaguar

美洲豹

ubwoko bw' ifarasi bita pony

矮種馬

ingwe

豹

imvubu

河馬

umusumbarembo

長頸鹿

agaca

老鷹

ingurube y' ishamba

野豬

ifi

魚

akanyamasyo

龜

igikoko bita morse

海象

imbwebwe

狐狸

ingeregere

羚羊

urukino rwa football yo muri amerika
橄欖球

ugusiganwa ku makinga
騎腳踏車

urukino rwa tennis
網球

urukino rwa basketball
籃球

koga
游泳

urukino rw' ingumu
拳擊

urukino rwa ice-hockey
冰球

umupira w'amaguru

美式足球

urukino rwa badminton

羽毛球

ubunonotsi

田徑

urukino rwa handball

手球

urukino rwa ski

滑雪

urukino rwa Polo

馬球

gusimba
跳

kugumbirana
擁抱

gutwenga
笑

kugenda
走路

kuririmba
唱

kurota
做夢

gusenga
祈禱

gusoma
親吻

kwandika
書寫

gucapa
畫

kwereka
展示

gusuguma
推

gutanga
給

gutora
拿

kugira

有

kugira

做

kuba

當

guhagarara

站

kwiruka

跑

gukwega

拉

guta

丟

gutemba

摔倒

kurambarara hasi

躺

kurindira

等待

gutwara

攜帶

kwicara

坐

kwambara

穿衣

kuryama

睡覺

kuvyuka

醒來

kuraba

看

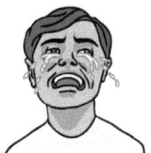

kurira

哭

kwagaza

擊

gusokoza

梳頭

kuvuga

交談

gutahura

明白

kubaza

問

kumviriza

聽

kunywa

喝

gufungura

吃

gutondeka

清理

gukunda

愛

guteka

做飯

gutwara

開車

kuguruka

飛

kugira siporo bita voile
航行

guharura
計算

gusoma
讀

kwiga
學習

gukora
工作

kurongora
結婚

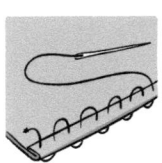
gushona
縫

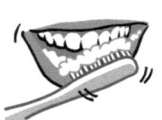
kwijigitura
刷牙

kwica
殺

kunywa itabi
抽菸

kurungika
寄

nyokuru
祖母

sokuru
祖父

data
父親

mama
母親

ikobondo
嬰兒

umukobwa
女兒

umuhungu
兒子

umushitsi

客人

masenge

阿姨

marume

叔叔

musaza w' umuntu

兄弟

mushiki w' umuntu

姐妹

umubiri

身體

agahanga
前額
ijisho
眼睛
urutugu
肩膀
urutoki
手指
isura
臉
agasakanwa
下巴
ikiganza
手
ukuguru
腿
agatuntu
乳房
ukuboko
手臂

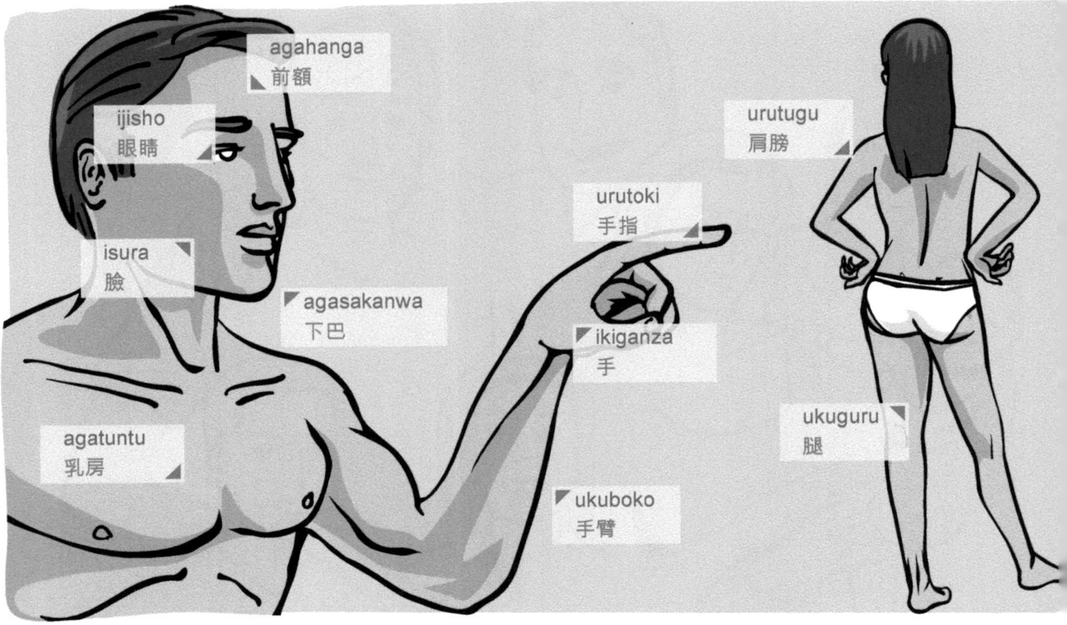

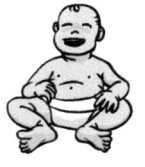

ikobondo
嬰兒

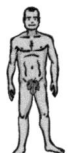

umugabo
男人

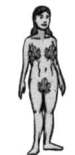

umugore
女人

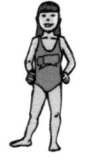

umwigeme
女孩

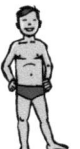

umuhungu
男孩

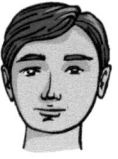

umutwe
頭

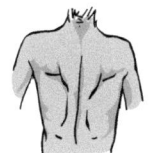

umugongo

背部

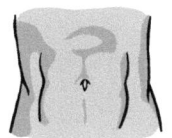

inda

肚子

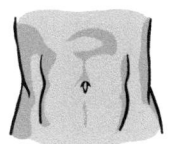

umukondo

肚臍

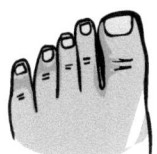

ino

腳趾

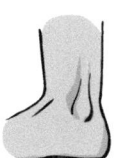

agatsintsiri

腳後跟

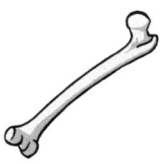

igufa

骨頭

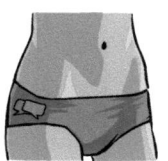

ku mafyigo

臀部

ivi

膝蓋

inkokora

手肘

izuru

鼻子

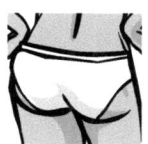

igisusu

屁股

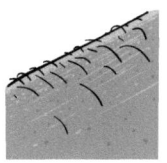

urukoba

皮膚

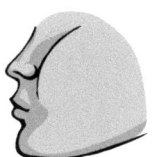

itama

臉頰

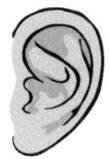

ugutwi

耳朵

umunwa

嘴唇

umunwa

嘴

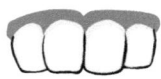

iryinyo

牙齒

ururimi

舌頭

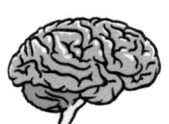

ubwonko

腦

umutima

心臟

umutsi

肌肉

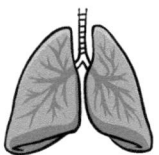

ihaha

肺

igitigu

肝臟

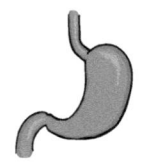

umushishito

胃

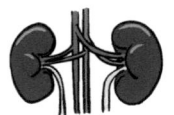

amafyigo

腎臟

kurangura amabanga
y'abubatse

性交

agapfuko

保險套

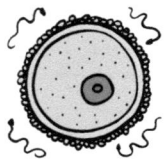

imbuto y' umugore

卵子

imbuto y'umugabo

精子

imbanyi

懷孕

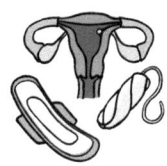

kuja mu kwezi

月事

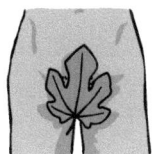

igituba

陰道

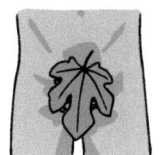

imboro

陰莖

ingohe

眉毛

umushatsi

頭髮

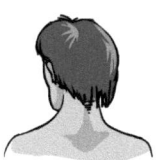

izosi

脖子

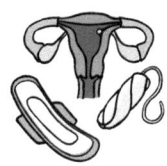

ibitaro

醫院

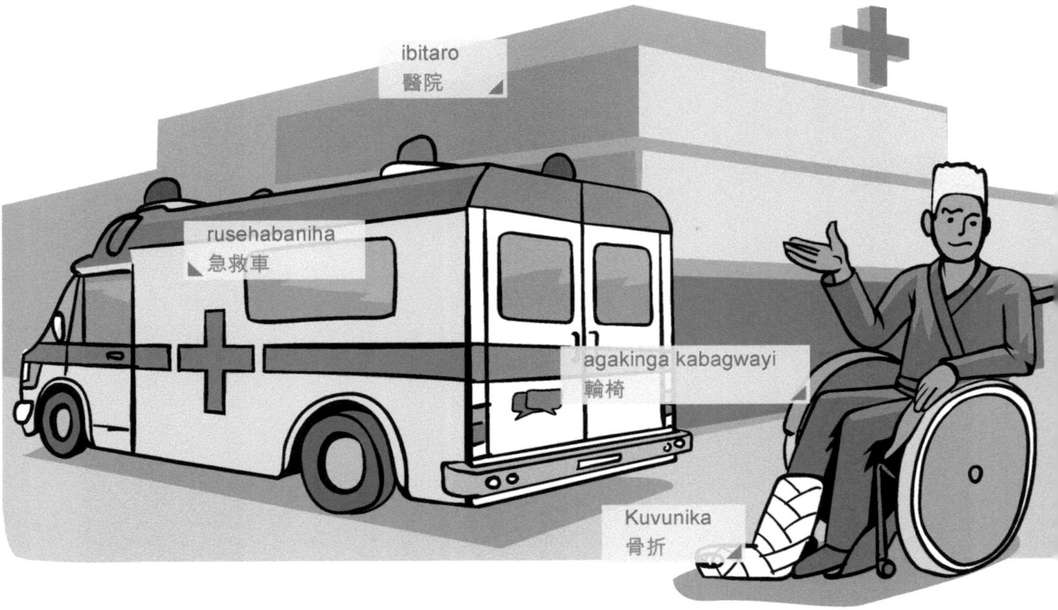

ibitaro
醫院
rusehabaniha
急救車
agakinga kabagwayi
輪椅
Kuvunika
骨折

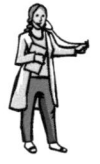

umuganga

醫師

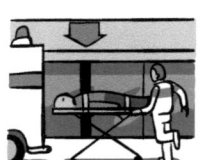

mundembe

急診室

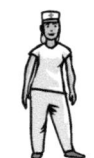

umuforomokazi

護理師

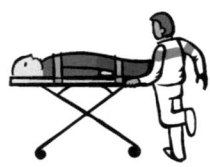

irijanse

緊急情形

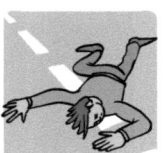

guta ubwenge

昏迷

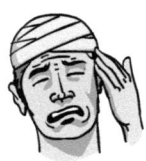

ububabare

痛

igikomere

受傷

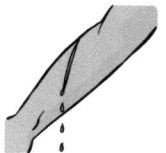

kuva amaraso

出血

uguhagarara k' umutima

心臟病發作

kuvira indani

中風

guhurirwa

過敏

inkorora

咳嗽

ubushuhe bw'umubiri

發燒

giripe

流感

gucibwamwo

腹瀉

kumeneka umutwe

頭痛

Kanseri

癌症

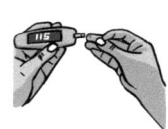

Diyabeti

糖尿病

muganga ajejwe kubaga

外科醫師

akuma ka muganga ubaga

手術刀

kubagwa

手術

sikaneri

電腦斷層掃描

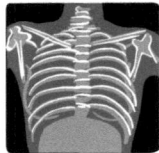

radiyogarafi

X光

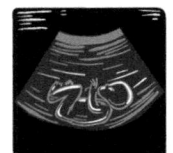

ekogarafi

超音波

masike

口罩

indwara

疾病

aho kurindirira

候診室

icishimikizo

拐杖

gufuka igikomere

石膏

gufuka igikomere

繃帶

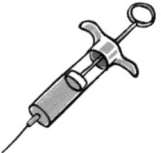

gutera urushinge

注射

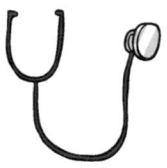

icuma cumviriza amahaha n'umutima

聽診器

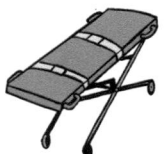

ingovyi

擔架

igipima umuriro w' umubiri

體溫計

kuvuka

出生

umuvyibuho urengeje

超重

igifasha umuntu kumva neza

助聽器

imiti y' ibikomere

消毒液

kwandura

感染

umugera

病毒

umugera wa sida

愛滋病

ubuvuzi

藥物

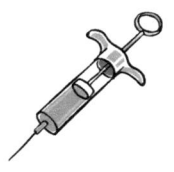

guhabwa urucanco

接種疫苗

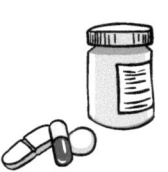

ibinini

藥片

ikinini mbonezamvyaro

藥丸

telefone itabaza

急救電話

igipima umuvuduko w' amaraso

血壓計

arwaye / akomeye

生病/健康

muntabare!

救命！

igitero

突擊

igitero

攻擊

ibihe bikomeye

危險

icanzo

緊急出口

umuriro!

失火了！

ikizimyamwoto

滅火器

isanganya

意外

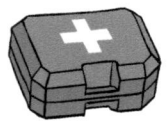

isanduku y' ubutabazi

急救箱

ubutabazi

呼救訊號

igipolisi

員警

ikengere

警報

Buraya

歐洲

Uburaruko bw' amerika

北美洲

Ubumanuko bw' amerika

南美洲

Afurika

非洲

Aziya

亞洲

Ositarariya

澳洲

ibahari y' Antalantika

大西洋

ibahari ya Pasifika

太平洋

ibahari y' Antaragitika

南冰洋

ibahari y' Aragitika

北冰洋

Uburaruko bw' umubumbe
w' isi

北極

Ubumanuko bw' umubumbe
w' isi

南極

antaragitika

南極洲

isi

地球

isi

陸地

ibahari

海

izinga

島

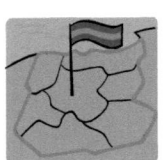

igihugu

國家

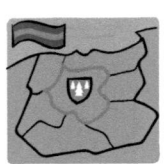

reta

州

aho barabira isaha

錶盤

urushinge rw' amasaha

時針

urushinge rw' iminota

分針

urushinge rw' amasegonda

秒針

ni gihe ki?

現在幾點？

umunsi

天

igihe

時間

ubu nyene

現在

isaha ya electronique

電子錶

umunota

分

isaha

時

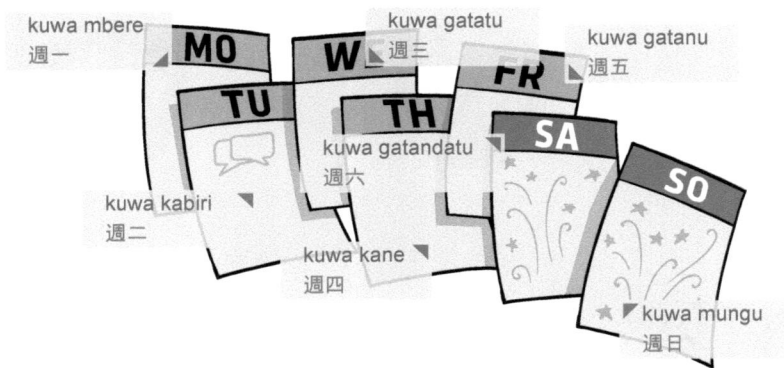

kuwa mbere 週一

kuwa gatatu 週三

kuwa gatanu 週五

kuwa kabiri 週二

kuwa gatandatu 週六

kuwa kane 週四

kuwa mungu 週日

ejo haheze

昨天

ubunyene

今天

ejo hazoza

明天

mu gatondo

早晨

sasita

中午

ku mugoroba

晚上

iminsi y' ibikorwa

工作日

weekende

週末

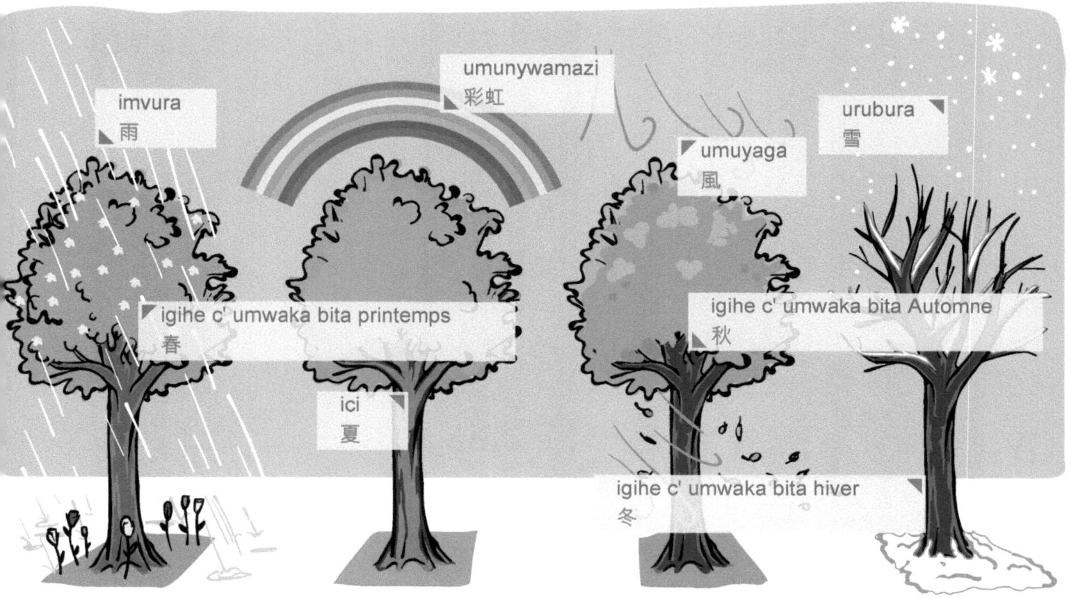

imvura
雨
umunywamazi
彩虹
umuyaga
風
urubura
雪
igihe c' umwaka bita printemps
春
igihe c' umwaka bita Automne
秋
ici
夏
igihe c' umwaka bita hiver
冬

4.APRIL 11°
5.APRIL 4°
6.APRIL 13°
7.APRIL 8°
8.APRIL 10°

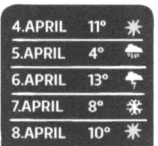

ikirangabihe

天氣預告

F
C
120
90
60
30
0
-30
40
30
20
10
0
-10
-20

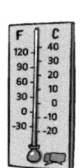

igipima ubushuhe bw' umubiri

溫度計

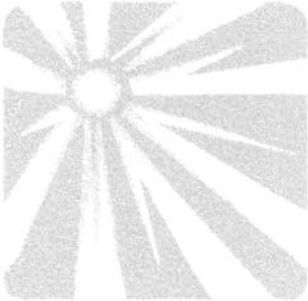

ubuseruko bw' izuba

陽光

igicu

雲

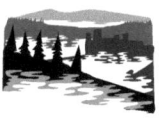

igipfungu

霧

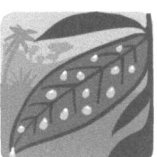

ifira

潮濕

umuravyo

閃電

inkuba

打雷

igihuhusi

風暴

urubura

冰雹

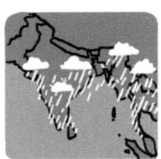

igihuhusi bita mousson

季風

umwuzure

洪水

ibarafu

冰

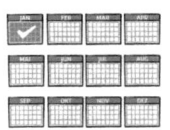

nzero

一月

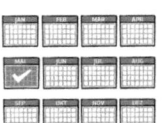

ruhuhuma

二月

ntwarante

三月

ndamukiza

四月

rusama

五月

ruhenshi

六月

mukakaro

七月

myandagaro

八月

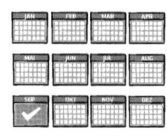

nyakanga
九月

gitugutu
十月

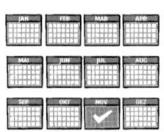

munyonyo
十一月

migarama
十二月

umuzingi
圓形

ikwadarato
正方形

urikiramende
長方形

inyabutatu
三角形

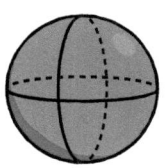

umubumbe
球體

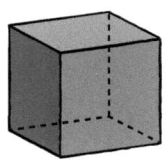

agasandugu
立方體

ibara ryera

白

ibara ry' umuhondo

黃

ibara risa n' umucungwe

橙

ibara rya rose

粉

ibara ritukura

紅

ibara rya mauve

紫

ibara ry' ubururu

藍

ibara ry'icatsi kibisi

綠

ibara ry' igihogo

棕

ibara rya gris

灰

ibara ryirabura

黑

vyinshi / bikeyi

很多/少許

washavuye / utekereje

生氣/平靜

mwiza / mubi

美/醜

intanguriro / iherezo

首/尾

kinini / gitoyi

大/小

gikeye / cijimye

明/暗

musaza w' umuntu / mushiki
w' umuntu

兄弟/姐妹

gisukuye / gicafuye

乾淨/骯髒

gikwiye / gicagatiye

完整/缺失

umunsi / ijoro

白天/晚上

wapfuye / ariho

死/生

cagutse / caga

寬/窄

kiryoshe / kibishe

可食用/非食用

umutima mubi / umutima mwiza

邪惡/善良

anezerewe / arambiwe

興奮/無聊

kivyibushe / conze

胖/瘦

cambere / canyuma

第一/最後

umugenzi / umwansi

朋友/敵人

cuzuye / kiri gusa

滿/空

kigumye / coroshe

硬/軟

kiremereye / gihwahutse

重/輕

inzara / inyota

餓/渴

arwaye / akomeye

生病/健康

cemewe n'amategeko / kitemewe n'amategeko

非法/合法

incabwenge / ikijuju

聰明/愚笨

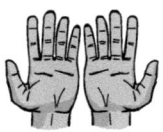

ibubamfu / iburyo

左/右

hafi / kure

近/遠

gishasha / gishaje

新/舊

ntaco / kiriho

沒有/有些

umutama / urwaruka

老/幼

kwatsa / kuzimya

開/關

kugurura / kugara

打開/闔上

gitekereje / gifise urwamo

安靜/吵鬧

umutunzi / umukene

富/窮

nivyo / sivyo

對/錯

kigoramye / kigororotse

粗糙/光滑

ashavuye / anezerewe

傷心/高興

kigufi / kirekire

短/長

kigenda bukebuke / kinyaruka

慢/快

gitose / cumye

濕/乾

gishushe buhoro / gikanye buhoro

溫暖/涼爽

intambara / amahoro

戰爭/和平

0

ubusa

零

1

rimwe

一

2

kabiri

二

3

gatatu

三

4

kane

四

5

gatanu

五

6

gatandatu

六

7

indwi

七

8

umunani

八

9

icenda

九

10

cumi

十

11

cumi na rimwe

十一

12

cumi na kabiri

十二

13

cumi na gatatu

十三

14

cumi na kane

十四

15

cumi na gatanu

十五

16

cumi na gatandatu

十六

17

cumi n' indwi

十七

18

cumi n' umunani

十八

19

cumi n' icenda

十九

20

mirongo ibiri

二十

100

ijana

百

1.000

igihumbi

千

1.000.000

umuriyoni

百萬

Icongereza

英語

Icongereza co muri Amerika

美式英語

Mandare kivugwa mu bushinwa

普通話

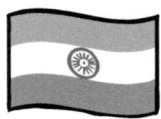

Igihinde

印地語

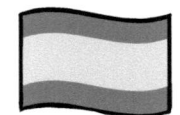

Ikispaniya

西班牙語

Igifaransa

法語

Icarabu

阿拉伯語

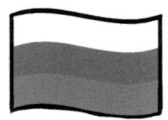

Ikirusiya

俄語

Igiporitigare

葡萄牙語

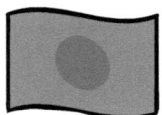

Ikibengare

孟加拉語

Ikidage

德語

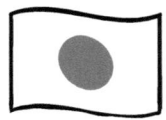

Ikiyapani

日語

jewe

我

wewe

你

we / we / co

他/她/它

twebwe

我們

mwebwe

你們

bo

他們

inde?

誰？

iki?

什麼？

gute?

如何？

hehe?

何處？

ryari?

何時？

izina

名字

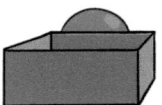

inyuma ya

後面

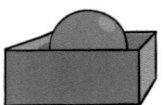

indani ya

裡面

imbere ya

前面

hejuru ya

上方

ku

上面

munsi ya

下麵

mu mbavu ya

旁邊

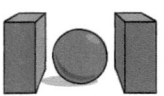

hagati ya

中間

ikibanza

地點